Meine schöne Konfirmation

Die Konfirmation ist ein besonderes Fest, das man nur einmal in seinem Leben feiert. Daher soll dieser Tag ein unvergessliches Ereignis sein. In diesem Buch finden Sie zahlreiche Ideen und Anregungen, um dem Fest einen feierlichen Rahmen zu geben. Dazu gehören liebevoll gestaltete Einladungskarten, passende Menü- und Tischkarten und festliche Tischdekorationen ebenso wie Kerzen, kleine Erinnerungsalben und Dankeskarten. Formulierungshilfen und eine Auswahl an schönen Sprüchen zur Konfirmation helfen Ihnen außerdem, die richtigen Worte zu finden.

Viel Spaß beim Nacharbeiten und eine wunderschöne Konfirmationsfeier wünscht

Hannelore Süß

Die Motive lassen sich in folgende Schwierigkeitsgrade unterteilen:

● ○ ○ einfach   ● ● ○ etwas schwieriger   ● ● ● anspruchsvoll

WICHTIGE ARBEITSMATERIALIEN UND WERKZEUGE

Die folgenden Materialien und Werkzeuge sollten Sie zur Hand haben, sie werden in den einzelnen Materiallisten nicht zusätzlich aufgeführt.

- Metall-Lineal
- Transparentpapier
- Falzbein oder kleines Schneidegerät mit Falzteil
- Scherenschnittschere
- Cutter mit geeigneter Schneideunterlage
- Lochzange oder Lochwerkzeug
- doppelseitiges, transparentes Klebeband
- Küchenmesser
- Tonkarton (für Schablonen)
- Klebestift, z. B. UHU stic (für Schablonen)
- Bleistift
- Filzstift in Schwarz oder Computer mit Drucker (zum Beschriften der Tischkarten)
- Bügeleisen oder Toaster
- spitzer Gegenstand, z. B. Stricknadel

So wird's gemacht

Karten herstellen

1 Von den Vorlagen der Motive Schablonen anfertigen, das erleichtert das Basteln in größeren Mengen. Dazu das Transparentpapier auf die benötigten Motive legen und die Linien mit Bleistift durchpausen. Diese Transparentpapiervorlage auf Tonkarton aufkleben und ausschneiden. Fertig ist die Schablone. Die Schablone auf den ausgewählten Karton oder das Papier legen und mit einem spitzen Bleistift umfahren. Zum Ausschneiden einen Cutter oder die Scherenschnittschere verwenden.

2 Die zugeschnittenen Teile wie bei der jeweiligen Karte abgebildet mit transparentem, doppelseitigem Klebeband zusammenfügen. Das Arbeiten mit Klebeband ist empfehlenswert, da es keine unsauberen Klebestellen gibt und die Papiere sich nicht wellen.

3 Das Klebeband bitte nicht ohne Plastikhülle ablegen, da sich an den Seiten Klebstoff befindet, der sämtliche Flusen und Staubkörnchen aufnimmt. Beim Kleben von transparenten Papieren leuchtet dieser Schmutz dann durch und das Klebeband wird sichtbar. Das Klebeband sollte zum Kleben in den Händen oder in der Plastikhülle sein.

4 Die Texte für die Karteninnenseiten mit der Hand oder dem Computer auf farblich passende Einlegeblätter schreiben oder drucken. Die Einlegeblätter mit etwas doppelseitigem Klebeband im Karteninneren befestigen. Nach Wunsch mit einem dekorativen Band einbinden.

Hinweise: Bei den Materialangaben für die Karten sind immer die fertigen Doppelkarten angegeben.

Falls Sie die Karten selbst zuschneiden möchten, müssen Sie berücksichtigen, dass Sie den Karton für die Karten doppelt so breit zuschneiden müssen. Beim Zuschneiden und Falzen eigener Karten ist es sinnvoll, ein kleines Schneidegerät mit Falzeinrichtung zu verwenden.

Bei einigen Modellen müssen Löcher gestanzt werden. Dafür gibt es im Fachhandel kleine Locher oder Lochwerkzeuge, mit denen gezieltes Lochen leicht fällt.

Einige Dankeskarten werden nicht als Doppelkarten gearbeitet, sondern als Lesezeichen. Hier können die individuellen Texte auf passende Papierstücke gedruckt oder geschrieben werden, die dann auf der Rückseite der Karten angebracht werden.

Embossing-Technik mit Stempeln

1 Den Stempel mit dem Stempelkissen sorgfältig betupfen, so können auch große Stempelflächen mit Mini-Stempelkissen eingefärbt werden. Mit gleichmäßigem Druck auf das gewünschte Papier aufstempeln.

2 Das Embossingpulver auf die noch feuchte Farbe aufstreuen; es haftet an den aufgestempelten Konturen und Flächen.

3 Das überschüssige Pulver auf ein geknicktes Blatt Papier abschütteln. Darauf achten, dass keine Körnchen um das Motiv herum haften bleiben. Abhilfe schafft ein leichtes Schnippen gegen die Rückseite oder ein trockener Pinsel. Mithilfe der Papierrinne das Pulver zurück in die Dose schütten.

4 Das Motiv über einem Toaster erhitzen oder ein Bügeleisen mit der Sohle nach oben aufstellen und rechts und links mit einem Bücherstapel fixieren. Die Temperatur zwischen Baumwolle und Wolle einstellen. Die gestempelte Karte mit dem Pulver nach oben auf die Bügeleisensohle legen und vorsichtig mit einem spitzen Gegenstand (z. B. eine Stricknadel) andrücken. Durch leichten Druck auf den Karton schmilzt das Embossingpulver besser.

Tipp: Reduzieren Sie bei Karton, der sehr saugfähig ist, die Temperatur des Bügeleisens.

Blumenschmuck

Für haltbaren Blumenschmuck vor dem Gestalten der Tischdekoration alle Blumen am Stiel mit einem Messer schräg anschneiden und in Wasser mit Schnittblumen-Frischmittel stellen. Die Frischblumensteckmasse vor dem Verarbeiten wässern. Dazu die Steckmasse nicht unter die Wasseroberfläche drücken, sondern nur auf das Wasser legen und warten, bis sie sich von selbst vollgesaugt hat. Die nasse Steckmasse dann passend für die verwendeten Gefäße zuschneiden.

Blaue Fische

Beschreibung auf Seite 6-9

KARTENGRÖSSE
Einladung 16,8 cm x 12 cm
Dankeskarte 21 cm x 7 cm
Menükarte 21 cm x 14,8 cm

MATERIAL
◆ Crashpapier in Dunkelblau
◆ Tonkarton in Silber, 300 g/qm
◆ Motivpapier mit Fischen in Dunkelblau
◆ Stempelkissen in Farblos
◆ Embossingpulver in Platin

ZUSÄTZLICH FÜR EINLADUNG
◆ Doppelkarte in Weiß, B6
◆ Stempel: Einladung zur Konfirmation

ZUSÄTZLICH FÜR DANKES-KARTE
◆ Tonkarton in Weiß, 21 cm x 7 cm, 220 g/qm
◆ Doppelsatinband in Dunkelblau, 3 mm breit, 30 cm lang

ZUSÄTZLICH FÜR MENÜKARTE
◆ Doppelkarte in Weiß, A5
◆ Stempel: Menü

VORLAGENBOGEN
1 A + 1 B + 4 B

Blaue Fische

→ Symbol des Lebens

Einladung

1 Das Wellenteil vom Vorlagenbogen auf das Crashpapier übertragen und ausschneiden. Aus silberfarbenem Tonkarton ein 14,8 cm x 8 cm großes Rechteck zuschneiden und 1,5 cm vom linken geraden Rand des Crashpapierteils entfernt auf dessen Rückseite kleben. Vorn das überstehende Ende parallel zum Crashpapier wellenförmig abschneiden, sodass ein ca. 3 mm breiter Rand stehen bleibt.

2 Das Papierteil auf die Vorderseite der Karte kleben, sodass die linke gerade Kante des silberfarbenen Tonkartons mit dem Kartenrücken bündig ist. Das überstehende Crashpapier auf die Rückseite der Karte umschlagen und festkleben. Den Fisch aus Motivpapier ausschneiden. Den Stempel wie auf Seite 3 beschrieben auf der unbedruckten Seite des Papiers aufbringen und embossen. Den Fisch auf silberfarbenen Tonkarton kleben und so ausschneiden, dass ein kleiner Rand stehen bleibt. Kleine Blubberblasen und Fische aus dem Motivpapier ausschneiden und alles wie abgebildet auf der Karte anbringen.

Dankeskarte

Aus dem Motivpapier kleine Fische und Blubberblasen ausschneiden. Die Wellenteile auf Crashpapier bzw. die unbedruckte Rückseite des Motivpapiers übertragen und ausschneiden. Beide Teile auf silberfarbenen Tonkarton kleben. Die geraden Kanten bündig abschneiden, die gewellten Kanten parallel zu den blauen Papierteilen schneiden, sodass ein ca. 3 mm breiter Rand zu sehen ist. Alles wie abgebildet auf die Karte kleben. An der oberen Kante mittig ein Loch einstanzen und das Satinband durchziehen.

Menükarte

Die einzelnen Teile aus Crashpapier und Motivpapier ausschneiden. Zusätzlich ein 21 cm x 10 cm großes Rechteck aus silberfarbenem Tonpapier ausschneiden. Die Karte wie bei der Einladungskarte beschrieben anfertigen.

Tischkarte

Den Tonkarton vor dem Zuschneiden des Streifens mit dem Namen des Gastes bedrucken oder anschließend von Hand beschriften. Dann den Kartonstreifen 5 cm vom oberen bzw. unteren Rand entfernt auf der rechten bzw. linken Seite bis zur Mitte einschneiden. Kleine Fische und Blubberblasen aus dem Motivpapier ausschneiden und auf das untere Ende kleben. Die eingeschnittenen Stellen des Papierstreifens ineinander stecken. Zuletzt die Serviette aufrollen und in den Papierring schieben.

Tischschmuck

1 Den Papierdraht in ein ca. 70 cm und ein ca. 30 cm langes Stück teilen und wie auf Seite 9 abgebildet um den Glaszylinder wickeln. Das obere und untere Ende jeweils miteinander verdrehen. Den Zylinder mit Wasser füllen und eine Rose und ein Ziergras hineinstellen. Im Wasser stehende Blätter entfernen.

2 Den Tisch eindecken. Das Satin-Tischband mittig auf den Tisch legen, die Glaszylinder und die Kerzen in gleichmäßigen Abständen darauf verteilen. Einige Blütenblätter einer Rose auszupfen und zusammen mit den Wachsperlen und den entfernten grünen Blättern auf dem Tischband ausstreuen. Ein paar Wachsperlen, die zusätzlich in die Blütenblätter gelegt werden, vervollständigen die Dekoration.

MATERIAL TISCHKARTE
- Tonkarton in Weiß, 21 cm x 3 cm, 220 g/qm
- Motivpapier mit Fischen in Dunkelblau

TISCHSCHMUCK
- Satin-Tischband in Dunkelblau, 11 cm breit, in der Länge der Tischdecke
- Glaszylinder
- Papierdraht in Dunkelblau, je Glaszylinder 1 m lang
- Stumpenkerzen in Hellblau, ø 4 cm, 10 cm hoch
- passende Kerzenteller aus Glas
- Wachsperlen in Weiß, in verschiedenen Größen
- Rosen in Weiß oder Creme
- Ziergräser

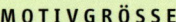

MOTIVGRÖSSE
Gästebuch 18 cm
Windlicht ca. 17 cm
Kerze 24 cm

MATERIAL GÄSTEBUCH
- Graupappe, 2 x 18 cm x 13 cm
- Motivpapier mit Fischen in Dunkelblau, 2 x 24 cm x 19 cm
- Tonkarton in Weiß, 50 cm x 70 cm, 220 g/qm
- Doppelsatinband in Dunkelblau, 6 mm breit, 1 m lang
- Bastelkleber

WINDLICHT
- extrastarkes Transparentpapier in Weiß, A4
- Crashpapier in Dunkelblau
- Motivpapier mit Fischen in Dunkelblau
- Tonkarton in Silber, 300 g/qm
- Kraftkleber

KERZE
- Altarkerze, ø 6 cm, 24 cm hoch
- Verzierwachsstreifen in Silber, 1 mm breit
- Verzierwachs in Hell- und Dunkelblau, 20 cm x 10 cm

VORLAGENBOGEN
1 A + 1 B + 4 B

Gästebuch

1 Für das Leporello-Gästebuch die Graupappen auf einer Seite gleichmäßig mit Bastelkleber einstreichen und mit der bestrichenen Seite nach unten mittig auf die Rückseite der Motivpapierrechtecke legen. Die Papierecken über die Kartonecken legen, mit dem Fingernagel etwas an die Kartonkanten drücken. Die seitlichen Streifen über den Karton legen und festkleben.

2 Den Tonkarton mithilfe der Vorlagenzeichnung an den gestrichelten Linien exakt falzen und an den durchgezogenen Linien sauber einschneiden. Die Leporellodeckel mit Bastelkleber mittig auf die mit x gekennzeichneten Felder kleben. Dabei auf einer Seite das Satinband mittig zwischen den Deckel und den Tonkarton einkleben, sodass die langen Enden an beiden Seiten heraushängen. Die eingeschnittenen Tonkartonstreifen ziehharmonikaartig nach oben falten, dann den Streifen zwischen den beiden Deckeln ebenfalls ziehharmonikaartig falten, sodass er zwischen den beiden Deckeln liegt. Das Gästebuch mit dem Satinband umwickeln und zusammenbinden.

Windlicht

1 Aus Transparentpapier einen 17 cm breiten und 29,7 cm langen Streifen ausscheiden. Aus Crashpapier und Motivpapier jeweils einen 30 cm langen Streifen ausschneiden: den Crashpapierstreifen ca. 3,5 cm breit, den Motivpapierstreifen ca. 4,5 cm breit. Die drei Streifen an einer Seite wellenförmig abschneiden.

2 Die blauen Papierstreifen auf silberfarbenen Tonkarton kleben (das Motivpapier mit der bedruckten Seite nach unten) und so ausschneiden, dass an der wellenförmigen Kante jeweils ein ca. 3 mm breiter silberfarbener Rand stehen bleibt. Alle drei Papierteile mit Kraftkleber aufeinander kleben, an einer Tischkante etwas runden und an den Schmalseiten zusammenkleben, sodass ein Windlicht entsteht. Fische und Blubberblasen aus dem Motivpapier ausschneiden und auf das Transparentpapier kleben.

Kerze

Die Motive vom Vorlagenbogen auf die Verzierwachsplatten übertragen und mit dem Cutter ausschneiden. Zuerst das hellblaue wellenförmige Wachsteil auf der Kerze anbringen, dann das dunkelblaue Wachsteil aufsetzen. Die Verzierwachsstreifen mit einem Küchenmesser teilen und die wellenförmigen Wachsteile damit einfassen. Das Kreuz mit zwei parallelen silbernen Streifen gestalten. Die Fische aufsetzen und mit Verzierwachsstreifen einfassen. Die Augen und die Innenlinien ergänzen.

Regenbogen

Beschreibung auf Seite 12-13

KARTENGRÖSSE
Einladung 14,8 cm x 10,5 cm
Menükarte 21 cm x 14,8 cm
Dankeskarte 10 cm x 10 cm

MATERIAL
- Tonkarton in Weiß, 220 g/qm
- Transparentpapier in Weiß
- Stempelkissen in Farblos
- Mini-Stempelkissen in Violett, Dunkelblau, Grün, Gelb, Orange und Rot
- Motivstempel: Sonne
- Embossingpulver in Platin und Farblos

ZUSÄTZLICH FÜR EINLADUNG
- Doppelkarte in Weiß, C6
- Klebeschriftzug in Silber: Zur Konfirmation
- Doppelsatinband in Violett, 3 mm breit, 50 cm lang

ZUSÄTZLICH FÜR MENÜKARTE
- Doppelkarte in Weiß, A5
- Klebeschriftzug in Silber: Menü
- Doppelsatinband in Violett, 3 mm breit, 60 cm lang

ZUSÄTZLICH FÜR DANKESKARTE
- Doppelkarte in Weiß, 10 cm x 10 cm
- Klebeschriftzug in Silber: Dankeschön
- Doppelsatinband in Violett, 3 mm breit, 40 cm lang

Regenbogen
→ bunt und heiter

Karten

1 Mit den kleinen Stempelkissen ein Regenbogenmuster auf den Tonkarton stempeln. Dazu die Farben in der abgebildeten Reihenfolge exakt nebeneinander aufbringen, sodass das Regenbogenmuster etwa 9 cm breit ist. In die noch nasse Farbe farbloses Embossingpulver streuen und über dem Toaster oder dem Bügeleisen embossen.

2 Aus dem Regenbogenmuster Farbstreifen ausschneiden: für die Menükarte und die Einladung jeweils 9 cm breit und 4,5 cm lang, für die Dankeskarte 9 cm breit und 2,25 cm lang. Die Tonkartonstücke wie abgebildet auf die Karten kleben.

3 Das Transparentpapier auf die jeweilige Größe der Karte schneiden und in der Mitte falten. Auf die Vorderseite jeweils mit farbloser Stempelfarbe eine Sonne aufstempeln, platinfarbenes Embossingpulver in die noch nasse Farbe streuen und wie auf Seite 3 beschrieben embossen. Das Transparentpapier um die Karten legen und auf der Rückseite mit etwas Klebeband fixieren. Die Klebeschriftzüge aufbringen. Zum Schluss das Satinband um die Karten legen und verknoten.

MOTIVGRÖSSE
Gästebuch 10 cm

MATERIAL SERVIETTENRING
- Tonkarton in Weiß, 220 g/qm
- Transparentpapier in Weiß
- Stempelkissen in Farblos
- Mini-Stempelkissen in Violett, Dunkelblau, Grün, Gelb, Orange und Rot
- Motivstempel: kleine Sonne
- Embossingpulver in Platin und Farblos

TISCHSCHMUCK
- Metallsteckgefäß
- Tischläufer in Lila
- 6 Metallkugeln in Silber, in drei verschiedenen Größen
- 2 Glasleuchter
- 2 Leuchterkerzen in Weiß
- Doppelsatinband in Lila und Violett, 3 mm breit, 60 cm lang
- Hortensien
- Calucephalus
- Efeu
- Frischblumensteckmasse

GÄSTEBUCH
- Graupappe, 2 x 10 cm x 10 cm
- Metallicpapier in Weiß, 2 x 16 cm x 16 cm
- Tonkarton in Weiß, 36 cm x 27 cm, 220 g/qm
- Stempelkissen in Farblos
- Mini-Stempelkissen in Violett, Dunkelblau, Grün, Gelb, Orange und Rot
- Motivstempel: Sonne
- Embossingpulver in Farblos und Platin
- Doppelsatinband in Violett, 6 mm breit, 80 cm lang
- Bastelkleber

VORLAGENBOGEN 4B

Serviettenring

Aus Transparentpapier und Tonkarton je einen 15 cm langen und 5 cm breiten Streifen zuschneiden. Auf den Transparentpapierstreifen mittig eine kleine Sonne mit farbloser Stempelfarbe stempeln und mit Platin embossen. Wie bei den Karten in Schritt 1 und 2 beschrieben einen 9 cm x 1,3 cm großen Regenbogenstreifen anfertigen und mittig auf den Tonkartonstreifen kleben. Den Transparentpapierstreifen mit etwas Klebeband auf dem Tonkartonstreifen fixieren, beide Streifen zum Serviettenring schließen und die Schmalseiten aufeinander kleben. Den Serviettenring auf eine gerollte Serviette schieben.

Tischschmuck

Die gewässerte Steckschaummasse in das Metallsteckgefäß geben und mit Calucephalus und Efeu abdecken. Dabei ein paar längere Efeuranken einstecken und seitlich überhängen lassen. Die Hortensien kürzen und in das Gesteck einarbeiten. Den Tischläufer locker auf die Tischdecke legen, das Metallsteckgefäß darauf platzieren und die Kerzenleuchter und die Dekokugeln darum verteilen. Einige Hortensienblüten abzupfen und zusammen mit Efeuranken auf dem Tisch arrangieren.

Gästebuch

Die Graupappe, das Metallicpapier und den Tonkarton jeweils auf die angegebene Größe schneiden und das Leporello-Gästebuch wie auf Seite 8 beschrieben anfertigen. Dabei darauf achten, dass das Tonpapier exakt geschnitten und gefalzt wird, da sich das Gästebuch ansonsten nicht schön zusammenfalten lässt.

Pusteblume

Beschreibung auf Seite 16/17

Pusteblume

→ strahlendes Gelb und Grün

KARTENGRÖSSE
Einladung 14,8 cm x 10,5 cm
Menükarte 21 cm 10,5 cm
Dankeskarte 10,5 cm x 7,4 cm

MATERIAL
- Tonkarton in Dunkel- und Hellgrün, 220 g/qm
- Motivstempel: Löwenzahn und Pusteblume
- Stempelkissen in Schwarz
- Embossingpulver in Farblos

ZUSÄTZLICH FÜR EINLADUNG
- Doppelkarte in Sonnengelb, C6
- Stempel: Einladung zu meiner Konfirmation
- Doppelsatinband in Hell- und Dunkelgrün, 3 mm breit, 45 cm lang

ZUSÄTZLICH FÜR MENÜKARTE
- Doppelkarte in Sonnengelb, DIN lang
- Stempel: Menü
- Doppelsatinband in Hell- und Dunkelgrün, 3 mm breit, 80 cm lang

ZUSÄTZLICH FÜR DANKESKARTE
- Doppelkarte in Sonnengelb, 10,5 cm x 7,4 cm
- Stempel: Vielen Dank
- Doppelsatinband in Hell- und Dunkelgrün, 3 mm breit, 40 cm lang

Einladung

Die Karte auf dem unteren Drittel mit dem Schriftzug bestempeln und embossen. Aus dunkelgrünem Tonkarton ein 8,5 cm x 5,5 cm großes und aus hellgrünem Tonkarton ein 8 cm x 5 cm großes Rechteck zuschneiden. Die beiden Motivstempel wie abgebildet auf dem hellgrünen Rechteck anbringen und embossen. Anschließend die beiden Rechtecke aufeinander kleben und auf der Vorderseite der Karte anbringen. Die Satinbänder um die Karte legen und verknoten.

Menükarte

Die Karte am unteren Ende mit dem Schriftzug bestempeln und embossen. Aus dunkelgrünem Tonkarton ein 12,5 cm x 5,5 cm großes und aus hellgrünem Tonkarton ein 12 cm x 5 cm großes Rechteck zuschneiden. Die beiden Motivstempel wie abgebildet auf dem hellgrünen Rechteck anbringen und embossen. Anschließend die beiden Rechtecke aufeinander kleben und auf der Vorderseite der Karte anbringen. Zusätzlich noch eine Pusteblume oberhalb der Rechtecke auf die gelbe Karte stempeln und embossen. Zuletzt die Satinbänder um die Karte legen und verknoten.

Dankeskarte

Aus dunkelgrünem Tonkarton ein 3,5 cm x 3,5 cm großes und aus hellgrünem Tonkarton ein 3 cm x 3 cm großes Quadrat zuschneiden. Den Text wie abgebildet auf das hellgrüne Quadrat stempeln und embossen. Anschließend die beiden Quadrate aufeinander kleben und auf der Vorderseite der Karte anbringen. Zusätzlich noch drei Pusteblumen auf die gelbe Karte stempeln und embossen. Die Satinbänder um die Karte legen und verknoten.

MATERIAL TISCHKARTE

- Tonkarton in Sonnengelb, 220 g/qm
- Motivstempel: Pusteblume
- Stempelkissen in Schwarz
- Embossingpulver in Farblos
- Doppelsatinband in Hell- und Dunkelgrün, 3 mm breit, 50 cm lang

TISCHSCHMUCK

- Filz in Gelb, 3 mm bis 4 mm stark, 4 x 15 cm x 15 cm
- 8 Votivgläser
- 4 Stumpenkerzen in Gelb, ø 4 cm, 6 cm hoch
- 4 Gerbera in Gelb
- 4 Gestrüppkränzchen
- 4 Hostablätter oder Hasenohrblätter
- Efeuranken
- Frischblumensteckmasse

VORLAGENBOGEN 2A

Tischkarte

Aus Tonkarton ein 14,8 cm x 7 cm großes Rechteck zuschneiden und entsprechend der Zeichnung auf dem Vorlagenbogen falzen und lochen. Zwei Pusteblumen auf das obere Dreieck stempeln und embossen und die Tischkarte mit dem Namen des Gastes beschriften. Die Seitenteile an den gefalzten Linien nach oben knicken und die Dreiecke aufeinander falten, sodass die seitlichen Löcher übereinander liegen. Eine Kleinigkeit in das Schächtelchen legen, dann das Band durch die Löcher führen und zur Schleife binden.

Tischschmuck

Die Filzplatten in gleichmäßigen Abständen in der Mitte des Tisches verteilen. Die gewässerte Steckmasse für die Votivgläser passend zuschneiden, jeweils mit einem in der Länge geteilten Hosta- oder Hasenohrblatt umwickeln und in die Gläser stellen. Die Gestrüppkränzchen von unten bis an den oberen Rand der Gläser ziehen und etwas mit Efeuranken schmücken. Die Gerbera am Stiel kürzen und in die Blumensteckmasse einarbeiten. In die restlichen Votivgläser die Stumpenkerzen stellen. Immer abwechselnd zwei Blumengestecke und zwei Kerzen auf die Filzstücke stellen. Ein paar Efeuranken dazwischen verteilen.

Tipp: Diese Dekoration sieht nicht nur mit gelber Gerbera, sondern auch mit Löwenzahn von der Wiese sehr hübsch aus.

Blumen in Orange
Beschreibung auf Seite 20/21

Blumen in Orange

→ mit frechen Streifen

KARTENGRÖSSE
Einladung 14,8 cm x 10,5 cm
Menükarte 21 cm x 14, 8 cm
Dankeskarte 21 cm x 7 cm

MATERIAL
- Metallic-Karton in Champagner, A4
- Tonkarton in Orange, 220 g/qm
- Transparentpapier in Dunkelorange, Hellorange und Gelb, A4

ZUSÄTZLICH FÜR EINLADUNG
- Klebeschriftzug in Gold: Einladung, Zur Konfirmation

ZUSÄTZLICH FÜR MENÜKARTE
- Stempel: Menükarte
- Stempelkissen in Farblos
- Embossingpulver in Gold

ZUSÄTZLICH FÜR DANKESKARTE
- Klebeschriftzug in Gold: Dankeschön
- Doppelsatinband in Gelb und Orange, 3 mm breit, 50 cm lang

VORLAGENBOGEN 2A

Einladung

1 Aus Metallic-Karton ein 21 cm x 14,8 cm großes Rechteck zuschneiden, in der Mitte falzen und zur Doppelkarte falten. Die Blumen vom Vorlagenbogen auf Tonkarton übertragen und ausschneiden. Das Transparentpapier der Länge nach in 1 cm und 5 mm breite Streifen schneiden.

2 Vier Streifen horizontal und drei Streifen vertikal auf die Kartenvorderseite legen und am Kreuzungspunkt über- und untereinander weben. Die Enden nach innen bzw. auf die Rückseite schlagen und mit Klebeband fixieren. Die Blüten und die Klebeschriftzüge wie abgebildet auf der Karte anbringen.

Menükarte

Den A4 großen Metallic-Karton in der Mitte falzen und zur Doppelkarte falten. An der unteren rechten Ecke den Textstempel aufbringen und embossen. Wie bei der Einladungskarte beschrieben Blumen und Transparentpapierstreifen zuschneiden und wie abgebildet auf der Karte anbringen.

Dankeskarte

Aus Metallic-Karton einen 21 cm langen und 7 cm breiten Streifen zuschneiden. Die Blüte aus Tonkarton ausschneiden und in der Mitte zweimal lochen. Die Satinbändchen durch die Löcher führen und zur Schleife binden. Wie bei der Einladungskarte beschrieben Transparentpapierstreifen zuschneiden und wie abgebildet auf die Karte kleben. Die Blume und den Schriftzug darauf anbringen.

Serviettenring

Den Serviettenring wie die Dankeskarte anfertigen. Zum Einschieben der Serviette die Schmalseiten aufeinander kleben. Zuletzt den Namen des Gastes ergänzen.

Tischschmuck

1 In das Palmblatt den Pinholder mit der Klebeknetmasse einkleben und einen kleinen Würfel aus gewässerter Blumensteckmasse aufstecken. Den Steckschaum etwas mit Efeublättern abdecken, längere Efeuranken in den Steckschaum einarbeiten und über das Palmblatt ranken lassen.

2 Die Gerbera wie abgebildet in den Steckschaum einarbeiten und evtl. vorhandene Lücken mit Efeu verdecken. Einige Perlen auf den Silberdraht aufziehen und das Blumengesteck damit schmücken. Die Glasleuchter mit Perlen füllen. Die Peddigrohrkugeln mit einzelnen Perlen und Efeuranken auf dem Tisch verteilen.

MATERIAL SERVIETTENRING
- Metallic-Karton in Champagner, 21 cm x 7 cm
- Tonkartonrest in Orange, 220 g/qm
- Transparentpapierstreifen in Hellorange und Gelb, 5 mm und 1 cm breit, 21 cm lang
- Doppelsatinband in Gelb und Orange, 3 mm breit, 50 cm lang

TISCHSCHMUCK
- Palmblatt
- 2 Glasleuchter
- 2 Leuchterkerzen in Weiß
- Perlen in Orange matt und glänzend, in verschiedenen Größen
- Peddigrohrkugeln in Orange, in verschiedenen Größen
- Pinholder
- Silberdraht, ø 0,4 mm
- Blumenklebeknetmasse
- Frischblumensteckmasse
- Gerbera in Orange
- Efeu

VORLAGENBOGEN 2A

Kreuz und Kelch

Beschreibung auf Seite 24-27

Kreuz und Kelch

→ in frühlingsfrischem Grün

KARTENGRÖSSE
Einladung 16,8 cm x 12 cm
Menükarte 21 cm x 14,8 cm
Dankeskarte 21 cm x 7 cm

MATERIAL
- Strohseide in Hell- und Dunkelgrün
- Graupappe
- Wachskordel in Hellgrün
- Chiffonband in Hellgrün, 5 mm breit
- Transparentpapier in Weiß
- Stempelkissen in Farblos
- Embossingpulver in Platin

ZUSÄTZLICH FÜR EINLADUNG
- Doppelkarte in Weiß, B6
- Stempel: Einladung zu meiner Konfirmation

ZUSÄTZLICH FÜR MENÜKARTE
- Doppelkarte in Weiß, A5
- Stempel: Menükarte

ZUSÄTZLICH FÜR DANKESKARTE
- Tonkarton in Weiß, 21 cm x 14 cm, 220 g/qm
- Stempel: Dankeschön

VORLAGENBOGEN 2 B

Karten

1 Für die Einladungs- und die Menükarte jeweils den Kelch vom Vorlagenbogen auf hellgrüne Strohseide übertragen und ausschneiden. Den Kelch auf die dunkelgrüne Strohseide kleben und nochmals ausschneiden, sodass ein etwa 4 mm breiter dunkelgrüner Rand stehen bleibt. Für alle Karten das Kreuz auf Graupappe übertragen, ausschneiden und mit schmalen, aus Strohseide ausgerissenen Streifen umwickeln. Anschließend das Organzaband und die Wachskordel um das Kreuz wickeln und die Enden auf der Rückseite festkleben.

2 Den Textstempel mit farbloser Stempelfarbe auf dem Transparentpapier anbringen und embossen. Für die Einladung ein 3 cm x 9 cm großes Rechteck, für die Menükarte ein 4 cm x 11 cm großes Rechteck und für die Dankeskarte ein 2,5 cm x 7 cm großes Textschild zuschneiden. Das Schild, den Kelch und/oder das Kreuz wie abgebildet auf die Vorderseite der Karte kleben. Bei der Dankeskarte zusätzlich ein Stück Wachskordel mehrfach um die geschlossene Karte legen und zur Schleife binden.

**MATERIAL
SERVIET-
TENRING**
- Strohseide in Hell- und Dunkelgrün
- Graupappe
- Wachskordel in Hellgrün
- Chiffonband in Hellgrün, 5 mm breit
- Transparentpapier in Weiß
- Embossingstift in Farblos
- Embossingpulver in Platin

**TISCH-
SCHMUCK**
- Glasplatte mit Fuß
- 4 Rosen in Weiß
- Fünffingerblätter
- Hosta- oder Hasenohrblätter
- Frischblumensteckmasse
- Perlkopf-Dekonadeln
- Teelichter in Blütenform in Hellgrün
- Granulat in Grün

**VORLAGEN-
BOGEN 2B**

Serviettenring

1 Ein kleines Kreuz aus Graupappe ausschneiden und wie bei den Karten in Schritt 1 beschrieben mit Strohseidestreifen, Chiffonband und Wachskordel umwickeln. Den Namen des Gastes mit Embossingstift auf einen ca. 1,5 cm breiten Streifen Transparentpapier schreiben und wie auf Seite 3 beschrieben mit dem Embossingpulver embossen.

2 Den Streifen auf der rechten Seite lochen. Die Serviette aufrollen, das Kreuz auflegen und beides mit einem Stück Wachskordel umwickeln. Das Namensschild auf ein Kordelende fädeln und die Wachskordel zur Schleife binden.

Tischschmuck

1 Die Glasplatte mit den Fünffingerblättern bedecken. Die gewässerte Blumensteckmasse in drei kleine Zylinder schneiden: Höhe ca. 7 cm, Durchmesser ca. 6 cm. Die Hosta- oder Hasenohrblätter in der Mitte teilen und so um die Zylinder wickeln, dass das Blatt jeweils ca. 2 cm übersteht und die Steckmasse vollständig bedeckt ist. Die Blätter mit Perlkopfnadeln feststecken.

2 Die Steckmasse mit Granulat bedecken. Die Rosen kürzen und in die Blumensteckmasse einarbeiten. Die drei Rosengestecke zusammen mit ein paar Teelichtern auf die Glasplatte stellen. Aus der übrigen Rose ein paar Blätter auszupfen und zusammen mit dem Granulat auf dem Tisch verteilen.

Tipp: Für eine große Festtagstafel können Sie mehrere Rosengestecke anfertigen und diese zusammen mit weiteren Teelichtern auf dem Tisch dekorieren.

WEITERFÜHRUNG

Kreuz und Kelch

MOTIVGRÖSSE
ca. 24 cm

**MATERIAL
KERZE**
- Altarkerze in Weiß, ø 7 cm, 24 cm hoch
- Verzierwachsstreifen in Silber, 1 mm breit
- Verzierwachs in Hell- und Dunkelgrün, je 2 x 20 cm x 10 cm
- Transparentpapier in Weiß
- Stempel: Konfirmation
- Stempelkissen in Farblos
- Embossingpulver in Platin
- Cutter oder Küchenmesser

**VORLAGENBOGEN
2 A**

Kerze

1 Den Kelch auf hellgrünes Verzierwachs und das Kreuz einmal auf dunkelgrünes und einmal auf hellgrünes Verzierwachs übertragen. Alles ausschneiden.

2 Den hellgrünen Kelch auf die dunkelgrüne Wachsplatte aufkleben und mit einem ca. 2 mm breiten Rand ausschneiden.

3 Den Kelch auf der Kerze befestigen und das dunkelgrüne Kreuz darauf anbringen. Das hellgrüne Kreuz in Streifen schneiden und einige Teile davon auf dem dunkelgrünen Kreuz fixieren. Jeweils einen silbernen Wachsstreifen am unteren Rand der hellen Streifen anbringen.

4 Den Schriftzug auf einen 7,5 cm langen und 1,8 cm breiten Transparentpapierstreifen stempeln und wie auf Seite 3 beschrieben embossen. Das fertige Schild mit etwas doppelseitigem Klebeband auf der Kerze befestigen.

Edles Papiermosaik

Beschreibung auf Seite 30-33

Edles Papiermosaik

→ in Braun und zartem Blau

KARTENGRÖSSE
Einladung 14,8 cm x 14,8 cm
Menükarte 21 cm x 10,5 cm
Dankeskarte 21 cm x 7 cm

MATERIAL
- Tonkarton in Dunkelbraun und Creme, 220 g/qm
- Lederpapier in Hellblau
- Strukturpapier in Braun
- Embossingstift in Farblos
- Stempelkissen in Farblos
- Embossingpulver in Platin

ZUSÄTZLICH FÜR EINLADUNG
- Stempel: Einladung

ZUSÄTZLICH FÜR MENÜKARTE
- Stempel: Menükarte

ZUSÄTZLICH FÜR DANKESKARTE
- Stempel: Vielen Dank
- Doppelsatinband in Creme, Hellblau und Braun, 3 mm breit, je 40 cm lang

VORLAGENBOGEN 2B

Einladung

1 Aus dunkelbraunem Tonkarton ein 14,8 cm x 29,6 cm großes Rechteck zuschneiden, in der Mitte falzen und zur Doppelkarte falten. Entlang der unteren Kante den Schriftzug auf die Vorderseite stempeln und embossen.

2 Den cremefarbenen Tonkarton, das Lederpapier und das Strukturpapier in 8 mm bis 1 cm breite Streifen schneiden und diese frei Hand in kleine Stücke teilen. Diese Papiermosaikteilchen zu einer Kreuzform zusammensetzen und mit doppelseitigem Klebeband auf die Karte kleben.

3 Den großen Kelch mit der Hostie vom Vorlagenbogen auf dunkelbraunen Tonkarton übertragen, mit dem Embossingstift komplett ausmalen und mit platinfarbenem Pulver embossen. Den Kelch und die Hostie ausschneiden und auf das Mosaikkreuz kleben.

Menükarte

Aus dunkelbraunem Tonkarton ein 21 cm x 21 cm großes Quadrat zuschneiden, in der Mitte falzen und zur Doppelkarte falten. Anschließend wie bei der Einladungskarte in Schritt 1 bis 3 beschrieben den Schriftzug aufbringen, das Kreuz aufkleben und den Kelch mit der Hostie darauf fixieren.

Dankeskarte

Aus dunkelbraunem Tonkarton eine 21 cm hohe und 7 cm breite Karte ausschneiden. Den Schriftzug stempeln und embossen. Anschließend das Kreuz, den Kelch und die Hostie wie bei der Einladungskarte in Schritt 2 und 3 beschrieben arbeiten. Die Mosaikteilchen sind ca. 5 mm x 5 mm groß. Am oberen Ende der Karte mittig ein Loch einstanzen, die Satinbänder durchziehen und verknoten.

MATERIAL SERVIETTEN-RING

- Tonkarton in Creme, 220 g/qm
- Lederpapier in Hellblau
- Strukturpapier in Braun
- Chiffonband in Dunkelbraun, 7 cm breit, 80 cm lang
- Doppelsatinband in Dunkelbraun, Hellblau und Creme, 3 mm breit, je 60 cm lang
- Embossingstift in Farblos
- Embossingpulver in Platin
- Schokoladentäfelchen

TISCHSCHMUCK
- 2 Vasen in Braun
- 3 Stumpenkerzen in Braun, ø 7 cm, 10 cm hoch
- 3 passende Kerzenteller aus Glas
- Wachsperlen in Creme, in verschiedenen Größen
- Kaffeebohnen
- Lilien in Weiß
- Efeuranken

VORLAGEN-BOGEN 2B

Serviettenring

1 Das Namensschildchen auf cremefarbenen Karton übertragen, ausschneiden und an der Rundung lochen. Ein 3,8 cm x 1,8 cm großes Rechteck aus dunkelbraunem Tonkarton mit kleinen Papiermosaikteilen (ca. 5 mm x 5 mm groß) aus cremefarbenem Tonkarton, Leder- und Strukturpapier bekleben und wie abgebildet auf dem Kärtchen fixieren. Den kleinen Kelch und die Hostie wie bei der Einladungskarte in Schritt 3 beschrieben anfertigen und auf das Papiermosaik kleben.

2 Das Chiffonband in zwei Hälften schneiden. Eine Hälfte doppelt legen und an den Seiten mit Klebeband aufeinander kleben, sodass ein Beutel entsteht. Das Schokoladentäfelchen einstecken. Die zweite Hälfte so um den Beutel herum legen, dass die abgeschnittenen Enden der zwei Chiffonbänder aufeinander liegen. Die Satinbändchen um die offenen Enden wickeln und zur Schleife binden. Dabei das gelochte Namensschild mit festbinden. Die gerollte Serviette zwischen dem Chiffonband und dem Beutel einschieben.

Tischschmuck

Die Vasen und die Kerzen in gleichmäßigen Abständen in der Mitte des Tisches anordnen. Auf den Kerzentellern und auf dem Tisch ein paar Perlen, Kaffeebohnen und Efeuranken verteilen. Die Lilien in die Vasen stellen.

Tipp: Diese Tischdekoration sieht auch mit weißen Orchideen sehr edel aus.

WEITERFÜHRUNG

Edles Papiermosaik

MOTIVGRÖSSE
Kerze ca. 24 cm
Gästebuch ca. 10 cm

MATERIAL
KERZE
- Altarkerze in Weiß, ø 6 cm, 24 cm hoch
- Verzierwachs in Hellblau, Braun und Silber glänzend, je 20 cm x 10 cm
- Cutter oder Küchenmesser

GÄSTEBUCH
- Graupappe, 2 x 10 cm x 10 cm
- Strukturpapier in Dunkelbraun, 9,5 cm x 5 cm und 2 x 16 cm x 16 cm
- Schreibpapier in Creme, 10 x A4
- Tonkartonrest in Creme, 220 g/qm
- Organzaband in Creme, 1 cm breit, 35 cm lang
- Bastelkleber
- Nähgarn
- Nähnadel

VORLAGENBOGEN 2B

Kerze

Das Kelchmotiv auf silberfarbenes Wachs übertragen und mit dem Cutter oder einem Küchenmesser herauslösen. Den Kelch auf braunes Wachs kleben und mit einem ca. 2 mm breiten Rand nochmals herauslösen. Die restlichen Wachsplatten in 6 mm bis 7 mm breite Streifen teilen und diese dann in kleine Mosaikstücke schneiden. Die Mosaikstücke zur Kreuzform zusammensetzen und auf der Kerze anbringen. Darüber den Kelch und die Hostie fixieren.

Gästebuch

1 Die Buchdeckel aus Graupappe wie beim Gästebuch auf Seite 8 beschrieben mit dunkelbraunem Strukturpapier beziehen und auf der Innenseite jeweils mit einem 9,5 cm x 9,5 cm großen Papierstück bekleben.

2 Aus dem Schreibpapier neun Blätter mit einer Größe von 20 cm x 9,5 cm ausschneiden. Die Blätter in der Mitte falten, wieder öffnen und jeweils drei Blätter aufeinander legen und mit der Nähnadel an zwei Stellen in der Faltkante zusammennähen. Die genähten Papierbogen zusammenfalten und an den Kanten nachschneiden, sodass sie jeweils 9,5 cm x 9,5 cm groß sind.

3 Die drei Papierblöckchen aufeinander legen und am Papierrücken mit der Nadel zusammennähen. Dazu mit der Nadel durch die genähten Bindungen der einzelnen Blöcke gehen. Den Strukturpapierstreifen mittig über den genähten Rücken der Papierblöckchen kleben, das überstehende Papier nach vorn und hinten umfalten und auf der ersten bzw. letzten Seite des Papierblocks festkleben.

4 Den Papierblock mittig zwischen die zwei Buchdeckel kleben und gut festdrücken. Aus Tonpapier ein ovales Schildchen zuschneiden, lochen, mit Filzstift beschriften und mit dem Organzaband um den vorderen Buchdeckel binden.

Schmetterlinge
Beschreibung auf Seite 36-37

Schmetterlinge

→ peppiges Pink und Violett

KARTENGRÖSSE
Einladung 14,8 cm x 10,5 cm
Menükarte 21 cm x 10,5 cm
Dankeskarte 7,5 cm x 10,5 cm

MATERIAL
- Fotokarton in Weiß und Violett, 300 g/qm
- Tonkarton in Weiß, 220 g/qm
- Abstandsklebeband, 2 mm stark
- Motivstempel: Schmetterling und Schmetterlingsschwarm
- Mini-Stempelkissen in Violett, Peony und Magenta
- Stempelkissen in Farblos
- Embossingpulver in Farblos

ZUSÄTZLICH FÜR EINLADUNG
- Doppelkarte in Pink, C6
- Pastellkreide in Pink und Violett
- Stempel: Einladung zur Konfirmation

ZUSÄTZLICH FÜR MENÜKARTE
- Doppelkarte in Pink, DIN lang
- Pastellkreide in Pink und Violett
- Stempel: Menü

ZUSÄTZLICH FÜR DANKESKARTE
- Doppelkarte in Pink, 7,4 cm x 10,5 cm
- Stempel: Danke, Danke

Einladung

1 Aus violettem Fotokarton einen 14,8 cm langen und 4 cm breiten Streifen und aus weißem Fotokarton einen 14,8 cm langen und 3,5 cm breiten Streifen ausschneiden. Auf den weißen Streifen zweimal den Schmetterlingsschwarm mit farbloser Stempelfarbe aufstempeln und etwa 30 Minuten trocknen lassen. Mit dem Finger abwechselnd von den beiden Pastellkreiden Farbe aufnehmen und mit kräftigem Druck auf den gestempelten Streifen wischen.

2 Die Fotokartonstreifen aufeinander kleben und auf der Karte fixieren. Den Schriftzug in Violett auf die Karte stempeln und embossen. Den großen Schmetterling mit den Mini-Stempelkissen betupfen, auf weißen Tonkarton aufbringen, embossen und ausschneiden. Den Schmetterling mit Abstandsklebeband auf der Karte befestigen.

Menükarte

Aus violettem Fotokarton einen 15 cm langen und 4,5 cm breiten Streifen und aus weißem Fotokarton einen 14,5 cm langen und 3,5 cm breiten Streifen ausschneiden. Den weißen Streifen wie bei der Einladungskarte beschrieben mit dem Schmetterlingsschwarm bestempeln und einfärben. Anschließend die Fotokartonstreifen aufeinander kleben und auf der Karte fixieren. Den Schriftzug aufbringen. Den großen Schmetterling wie bei der Einladungskarte arbeiten und mit Abstandsklebeband auf der Karte anbringen.

Dankeskarte

Den Textstempel mit violetter Stempelfarbe auf die Vorderseite der Karte stempeln und embossen. Den Schmetterling wie bei der Einladungskarte beschrieben anfertigen und auf violetten Fotokarton kleben. Den Schmetterling nochmals ausschneiden, sodass ringsherum ein schmaler violetter Rand stehen bleibt, und mit Abstandsklebeband auf der Karte anbringen.

Serviettenring

Die Vorlagen für den Schmetterling auf violetten und pinkfarbenen Fotokarton übertragen und ausschneiden. Den pinkfarbenen Teil mit den grau schraffierten Flächen (siehe Vorlagenzeichnung) mittig auf den violetten Schmetterling kleben. Den Motivstempel wie bei der Einladungskarte beschrieben auf weißen Tonkarton aufbringen, embossen und wie abgebildet mittig auf dem Serviettenring anbringen. Die Serviette aufrollen und wie abgebildet zwischen den Schmetterlingsteilen einstecken.

Tischschmuck

Etwas Granulat in die Glasschalen geben und diese etwa zur Hälfte mit Wasser füllen. Jeweils drei Glaszylinder mit den Teelichten in die Schalen stellen, drei Rosenblüten und einige grüne Rosenblätter dazu legen. Die Schalen in die Mitte des Tisches stellen. Die Blätter aus der übrigen Rose auszupfen und zusammen mit grünen Rosenblättern und pinkfarbenem Granulat auf dem Tisch verteilen.

MATERIAL SERVIETTENRING
- Fotokarton in Violett und Pink, 300 g/qm
- Tonkarton in Weiß, 220 g/qm
- Motivstempel: Schmetterling
- Mini-Stempelkissen in Violett, Peony und Magenta
- Embossingpulver in Farblos

TISCHSCHMUCK
- 2 Glasschalen mit geradem Rand
- Granulat in Pink
- 6 Lichtzylinder aus Glas für Teelichter
- 6 Teelichter in Rosa
- 7 Rosen in Pink

VORLAGENBOGEN 2B

38

Hannelore Süß
Meine schöne Konfirmation
Karten, Tischdeko und mehr
BEST.-NR. 3652

Sehr geehrte Leserin, sehr geehrter Leser,

leider haben sich in diesem Buch Fehler bei den Verweisen auf die Vorlagenbogen eingeschlichen. Statt wie angegeben vier Vorlagenbogen sind zwei im Buch enthalten, auf denen aber alle benötigten Vorlagen abgedruckt sind.

Seite 4–9: Blaue Fische
Vorlagenbogen 1A und 1B

Seite 10–13: Regenbogen
Vorlagenbogen 1A

Seite 14–17: Pusteblume
Vorlagenbogen 1B

Seite 18–21: Blumen in Orange
Vorlagenbogen 2A

Seite 22–27: Kreuz und Kelch
Vorlagenbogen 2A

Seite 28–33: Edles Papiermosaik
Vorlagenbogen 1B

Seite 34–37: Schmetterlinge
Vorlagenbogen 1B

Seite 38–41: Rot und Grau
Vorlagenbogen 2A

Seite 42–45: Gotteshaus
Vorlagenbogen 2B

Bitte entschuldigen Sie unser Versehen!
Ihr Produkt-Management TOPP

Rot und Grau

Beschreibung auf Seite 40/41

Rot und Grau

→ mit christlicher Symbolik

KARTENGRÖSSE
Einladung 14,8 cm x 14,8 cm
Menükarte 21 cm x 14,8 cm
Dankeskarte 10 cm x 10 cm

MATERIAL
- Tonkarton in Weiß und Dunkelrot, 220 g/qm
- Strukturpapier in Grau
- Motivstempel: Brot mit Ähren, Fische, Trauben und Kelch mit Hostie
- Stempelkissen in Farblos
- Embossingpulver in Platin

ZUSÄTZLICH FÜR EINLADUNG
- Doppelkarte in Weiß, 14,8 cm x 14,8 cm
- Stempel: Einladung
- Doppelsatinband in Dunkelrot, 3 mm breit, 40 cm lang

ZUSÄTZLICH FÜR MENÜKARTE
- Doppelkarte in Weiß, A5
- Stempel: Menükarte
- Doppelsatinband in Dunkelrot, 3 mm breit, 75 cm lang

ZUSÄTZLICH FÜR DANKESKARTE
- Doppelkarte in Weiß, 10 cm x 10 cm
- Stempel: Vielen Dank
- Doppelsatinband in Dunkelrot, 3 mm breit, 35 cm lang

VORLAGENBOGEN 3 A

Karten

1 Aus grauem Strukturpapier und rotem Tonkarton Rechtecke zuschneiden: für die Einladungskarte 14,8 x 8 cm groß, für die Menükarte 21 cm x 8 cm groß und für die Dankeskarte 10 cm x 6 cm groß. Die zusammengehörigen Rechtecke jeweils rechts auf rechts aufeinander legen und mithilfe der Vorlagenzeichnung wellenförmig abschneiden.

2 Die beiden Teile wie abgebildet rechts und links auf die Karte kleben, sodass in der Mitte ein gleichmäßiger, weißer Streifen zu sehen ist. Die Motivstempel auf weißen Tonkarton aufbringen und embossen. Die fertigen Motive exakt am Rand ausschneiden und mit doppelseitigem Klebeband auf dem roten Tonkarton fixieren.

3 Für die Einladungskarte und die Menükarte zusätzlich ein Etikett anfertigen. Dazu die Vorlage auf weißes Tonpapier übertragen, ausschneiden und lochen. Den Textstempel aufbringen und embossen. Das fertige Etikett mit dem Satinband festbinden und mit etwas Klebeband auf der Karte fixieren. Bei der Dankeskarte den Textstempel auf ein 2,8 cm x 2,8 cm großes Tonkartonstück aufbringen, embossen und unterhalb der anderen Motive auf die Karte kleben.

Serviettenring

Die einzelnen Teile aus Strukturpapier und Tonkarton ausschneiden. Das Strukturpapier auf weißen Tonkarton kleben und so ausschneiden, dass rechts und links ein schmaler, weißer Rand zu sehen ist. Den Streifen in der Hand etwas rund formen und an den Schmalseiten zusammenkleben, sodass ein Serviettenring entsteht. Das Schildchen an der Rundung lochen und mit dem Satinband um den Serviettenring binden. Die Serviette aufrollen und in den Ring schieben.

Tischschmuck

Den Organzaschal locker auf dem Tisch drapieren, die roten Rosen mit den Ziergräsern in die Vasen geben und zusammen mit den Votivgläsern in gleichmäßigen Abständen auf dem Organzaschal verteilen. Einige Blütenblätter und grüne Rosenblätter auf dem Tisch ausstreuen.

MATERIAL SERVIETTENRING
- Tonkarton in Weiß, 220 g/qm
- Strukturpapier in Grau
- Doppelsatinband in Dunkelrot, 3 mm breit, 50 cm lang

TISCHSCHMUCK
- Organzaschal in Dunkelrot
- 4 Glasvasen
- 2 Votivgläser
- 2 Stumpenkerzen in Weiß, ø 4 cm, 6 cm hoch
- 4 Rosen in Rot
- 4 Ziergräser
- Rosenblätter in Weiß-Rot gemustert

VORLAGENBOGEN 3A

Gotteshaus

Beschreibung auf Seite 44/45

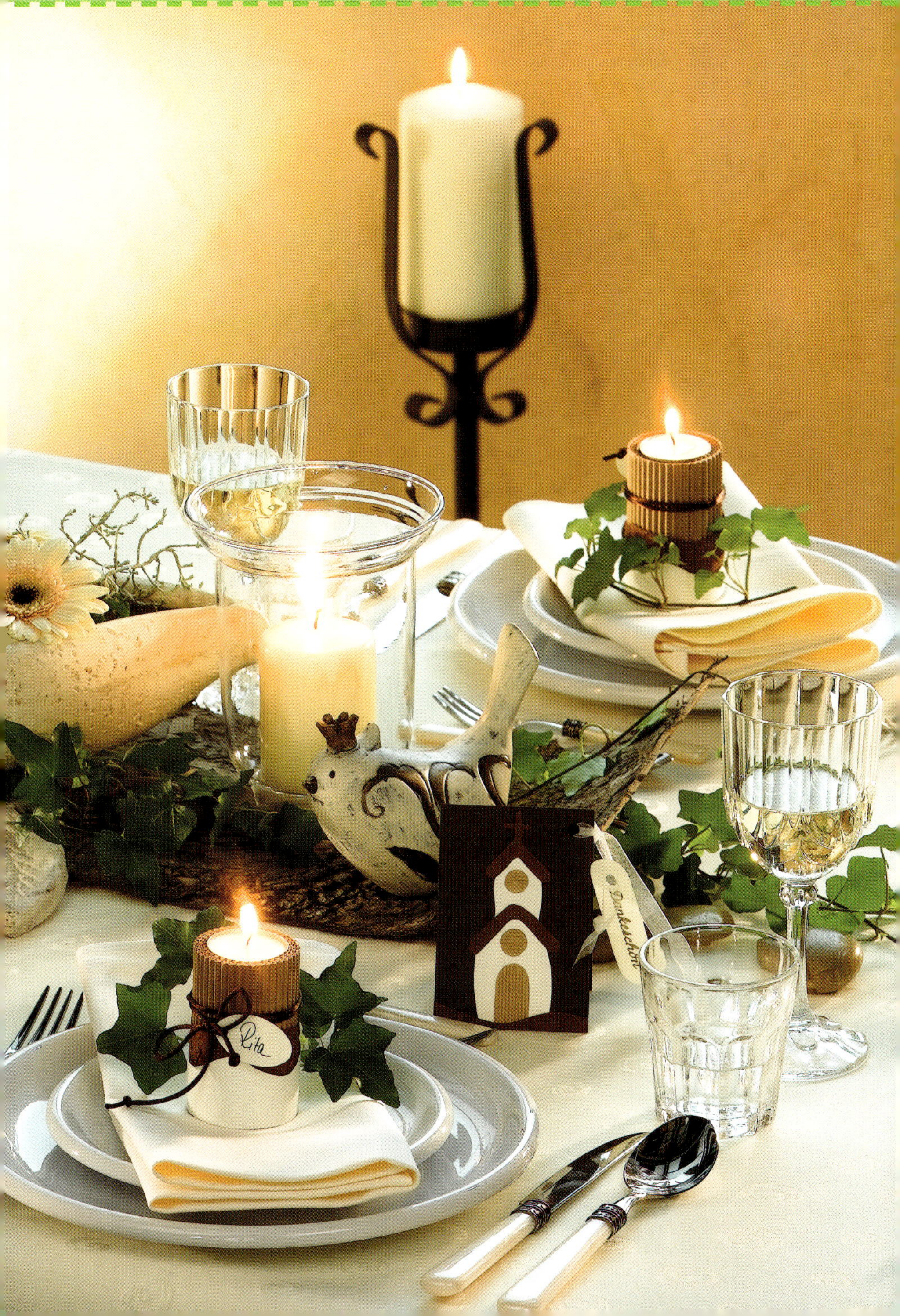
Dankeschön
Rita

Gotteshaus

→ in Naturtönen

KARTENGRÖSSE
- Einladung
  21 cm x 10,5 cm
- Menükarte 26 cm x 13 cm
- Dankeskarte
  10,5 cm x 7,4 cm

MATERIAL
- Strukturkarton in Creme
- Maulbeerpapier in Dunkelbraun
- Wellkarton in Natur
- Kraftkleber

ZUSÄTZLICH FÜR EINLADUNG
- Doppelkarte in Creme, DIN lang
- Strukturpapier in Terrakotta
- Klebeschriftzug in Gold: Einladung, Zur Konfirmation

ZUSÄTZLICH FÜR MENÜKARTE
- Doppelkarte in Creme, A5
- Klebeschriftzug in Gold: Menü

ZUSÄTZLICH FÜR DANKESKARTE
- Tonkarton in Dunkelbraun und Creme, 220 g/qm
- Organzaband in Creme, 1 cm breit, 25 cm lang
- Klebeschriftzug in Gold: Dankeschön

VORLAGENBOGEN
3 B + 4 A

Einladung

1 Die einzelnen Teile vom Vorlagenbogen übertragen und ausschneiden. Die Dachteile aus Maulbeerpapier und die Fenster und Türen aus Strukturkarton auf die Kirche kleben. Den Strukturpapier-Zuschnitt so auf die Vorderseite der Karte kleben, dass die rechte obere Kante des Papiers 8 cm von der unteren Kante der Karte entfernt ist.

1 Die Kirche so anbringen, dass das Ende des Kreuzes ca. 1 cm von der oberen Kante der Karte entfernt ist. Das Maulbeerpapier, den Strukturkarton und den Wellkarton wie abgebildet auf der Karte fixieren. Den Schriftzug aufkleben.

Menükarte

1 Die einzelnen Teile vom Vorlagenbogen auf das entsprechende Papier übertragen und ausschneiden – das untere Dachteil zweimal, das obere einmal mit Kreuz und einmal ohne. Das große Wellkartonteil auf die Vorderseite der Karte kleben, sodass die gestrichelte Linie auf der Umbruchkante der Karte liegt und der Wellkarton etwas am Kartenrücken übersteht.

2 Das keilförmige Wellkartonteil von hinten auf den überstehenden Wellkarton kleben, sodass es mit der geraden Kante an den Kartenrücken stößt. Die oberen und unteren Dachteile deckungsgleich auf den Wellkarton und auf die Rückseite der Karte kleben. Dabei das Dachteil mit Kreuz vorn auf der Karte anbringen und das Kreuz auf der Rückseite mit etwas Maulbeerpapier verstärken.

3 Die Dachteile der Rückseite am Kartenrücken entlang falzen. Die Fenster und die Tür ergänzen und den Schriftzug anbringen. Zuletzt die überstehenden Teile der Doppelkarte entlang der Kontur der Kirche abschneiden.

Dankeskarte

Aus dunkelbraunem Tonkarton ein 10,5 cm x 14,8 cm großes Rechteck ausschneiden, in der Mitte falzen und zur Doppelkarte falten. Die einzelnen Teile vom Vorlagenbogen übertragen und ausschneiden. Die Dachteile sowie die Türe und die Fenster auf die Kirche kleben und diese auf der Vorderseite der Karte anbringen. Das Bodenteil darüber fixieren und in die rechte obere Ecke ein Loch einstanzen. Das Organzaband durchfädeln, das Schildchen aufziehen und die Enden verknoten. Den Schriftzug aufkleben.

Tipp: Zum Fixieren der einzelnen Teile Kraftkleber verwenden. Dazu den Kleber auftragen, eine Weile antrocknen lassen, bis er fast trocken aussieht, und dann die Teile fest aufeinander drücken. Durch das Antrocknen des Klebstoffs wird vermieden, dass er zwischen den einzelnen Teilen hervorquillt und sichtbar wird.

Tischkarte

1 Aus Wellkarton einen 70 cm langen und 8 cm breiten Streifen zuschneiden, um das Teelicht legen und aufrollen. Das Ende mit etwas Kraftkleber fixieren. Einen zweiten Streifen aus Wellkarton zuschneiden (35 cm lang, 6 cm breit), aufrollen, von unten in die Öffnung des Teelichthalters schieben und mit etwas Klebstoff darin fixieren.

2 Mithilfe der Vorlage das Maulbeerpapier und den Tonkarton zuschneiden und unten um den Teelichthalter kleben. Das Schildchen ausschneiden, lochen und mit der Glanzkordel am Teelichthalter befestigen.

Tischschmuck

Den Pinholder mit der Klebeknetmasse in das Herz einkleben und einen gewässerten Steckmasse-Würfel aufstecken. Diese Steckbasis mit dem Efeu und Calucephalus abdecken. Dabei das Efeu etwas über das Gefäß ranken lassen. Die Gerbera kurz schneiden und in die Steckmasse einarbeiten. Das Herz, die Keramikblätter, den Vogel und das Windlicht auf die Rindenplatte stellen. Rechts und links davon den Tisch mit Kieselsteinen und Efeuranken schmücken.

MATERIAL TISCHKARTE

- Wellkarton in Natur
- Tonkarton in Creme, 220 g/qm
- Maulbeerpapier in Dunkelbraun
- Glanzkordel in Dunkelbraun, 65 cm lang
- Kraftkleber
- Teelicht

TISCHSCHMUCK

- Kork- oder Rindenplatte
- Keramikgefäß in Herzform
- Keramikblätter
- Keramikvogel
- Kieselsteine
- Windlichtglas mit Stumpenkerze
- Pinholder
- Blumenklebeknetmasse
- Frischblumensteckmasse
- Gerbera
- Efeu
- Calucephalus

VORLAGENBOGEN 3 B + 4 A

Formulierungsvorschläge

Liebe Martina, lieber Stephan,

zur Feier meiner Konfirmation möchte ich Euch bitten, mich am 27. April 2008 um 10 Uhr in die evangelische Kirche in Mörsfeld zu begleiten.

Nach dem Gottesdienst findet ein gemütliches Beisammensein in unserem Hause statt.

Ich freue mich auf Euch!

Eure Janine

Zur Konfirmation unseres Sohnes Jan laden wir herzlich ein.

Der Gottesdienst findet in der Stadtkirche in Kirchheim am 4. Mai 2008 um 10 Uhr statt.

Im Kreise unserer Freunde und Verwandten feiern wir anschließend bei uns zu Hause in der Goethestraße 15.

Über Euer/Dein Kommen würden wir uns sehr freuen.

Angela und Andreas Hauser

Lieber Jannik,

am 11. Mai 2008 werde ich in die Gemeinde der erwachsenen Christen aufgenommen. Zum Gottesdienst, der feierlichen Einsegnung und zum Abendmahl lade ich dich um 10 Uhr in die Martinskirche in Neustadt ein.

Im Anschluss werden wir ins Gasthaus Krone gehen, um meine Konfirmation zu feiern. Vorgesehen sind Mittagessen, Kaffee und Kuchen sowie Abendessen.

Ich freue mich auf dein Kommen!

Dein Fabian

Lieber Tante Elke, lieber Onkel Peter,

ich lade Euch ganz herzlich zu meiner Konfirmation ein
am 20.04.2008
um 11 Uhr
in der Versöhnungskirche in Hausen.

Mit meinen Paten und Freunden feiern wir anschließend bei uns zu Hause mit einem kalten Buffet den Tag meiner Konfirmation.

Ich würde mich freuen, wenn Ihr diesen besonderen Tag mit mir verbringen würdet.
Eure Alena

Liebe Paula,

vielen Dank für die lieben Glückwünsche und Geschenke zu meiner Konfirmation. Ich habe mich sehr darüber gefreut. Dieser Festtag wird mir immer in Erinnerung bleiben!

Herzliche Grüße
Heike

Über die lieben Glückwünsche und Geschenke zu meiner Konfirmation habe ich mich sehr gefreut und sage ganz herzlich „Danke".

Herzlichst Euer
Sebastian

Konfirmationssprüche

Der Herr segne dich und behüte dich; der Herr lasse sein Angesicht leuchten über dir und sei dir gnädig; der Herr hebe sein Angesicht über dich und gebe dir Frieden. (4. Mose 6, 24-26)

Herr, deine Güte reicht, so weit der Himmel ist, und deine Wahrheit, so weit die Wolken gehen. (Psalm 36, 6)

Mein Herz ist fröhlich in dem Herrn. (1. Samuel 2, 1)

Wenn ihr mich von ganzem Herzen suchen werdet, so will ich mich von euch finden lassen. (Jeremia 29, 12-13)

Der Herr ist mein Hirte, mir wird nichts mangeln. (Psalm 23, 1)

Der Herr ist mein Licht und mein Heil; vor wem sollte ich mich fürchten?
Der Herr ist meines Lebens Kraft; vor wem sollte mir grauen? (Psalm 27, 1)

Ich bin das Licht der Welt. Wer mir nachfolgt, wird nicht wandeln in der Finsternis,
sondern wird das Licht des Lebens haben. (Johannes 8, 12)

Herr, zeige mir deine Wege und lehre mich deine Pfade! (Psalm 25, 4)

Auf Gott hoffe ich und fürchte mich nicht (Psalm 56, 12)

Alle Dinge sind möglich dem,
der da glaubt. (Markus 9, 23)

Gott ist die Liebe; wer in der liebe bleibt,
bleibt in Gott und Gott in ihm. (1. Johannes 4, 16)

DIESES BUCH ENTHÄLT 4 VORLAGENBOGEN
Hilfestellung zu allen Fragen, die Materialien und Bastelbücher betreffen: Frau Erika Noll berät Sie.
Rufen Sie an: 05052/911858*

*normale Telefongebühren

IMPRESSUM

Ein Dankeschön an die Firma Tausendschön, Agnes Steiof, für die Bereitstellung von Tischwäsche und Dekorationen, und der Gärtnerei Künkler in Höhn für die großzügige Blumenspende.

FOTOS: frechverlag GmbH, 70499 Stuttgart; Fotostudio Ullrich & Co., Renningen
DRUCK: frechdruck GmbH, 70499 Stuttgart

Materialangaben und Arbeitshinweise in diesem Buch wurden von der Autorin und den Mitarbeitern des Verlags sorgfältig geprüft. Eine Garantie wird jedoch nicht übernommen. Autorin und Verlag können für eventuell auftretende Fehler oder Schäden nicht haftbar gemacht werden. Das Werk und die darin gezeigten Modelle sind urheberrechtlich geschützt. Die Vervielfältigung und Verbreitung ist, außer für private, nicht kommerzielle Zwecke, untersagt und wird zivil- und strafrechtlich verfolgt. Dies gilt insbesondere für eine Verbreitung des Werkes durch Fotokopien, Film, Funk und Fernsehen, elektronische Medien und Internet sowie für eine gewerbliche Nutzung der gezeigten Modelle. Bei Verwendung im Unterricht und in Kursen ist auf dieses Buch hinzuweisen.

Auflage: 5.   4.   3.   2.   1.
Jahr: 2011 2010 2009 2008 2007   [Letzte Zahlen maßgebend]

© 2007 **frechverlag** GmbH, 70499 Stuttgart

ISBN 978-3-7724-3652-9
Best.-Nr. 3652